50053718

DE L'AMITIE.

A MONSIEVR
DE VAVBRVN
COMTE DE NOGENT,
Meſtre de Camp general des Carabins de France.

A PARIS,
Chez Estienne Loyson, au Palais, à l'entrée de la Gallerie des Priſonniers, au Nom de Ieſus.

M. DC. LX.
Auec Priuilege du Roy.

A
MONSIEVR
DE
VAVBRVN.
DE *L'AMITIE'*.

ONSIEVR,

 I'ay tant de choses
à dire de l'Amitié, que
ie ne sçay par où com-
mencer le Discours que

A ij

vous m'auez ordonné de faire sur cette excellente habitude. Ie voudrois bien en traitter methodiquement, afin de ne rien oublier, & ie serois bien aise de mettre toutes mes pensées en leur place. Mais puis que vous me dispensez de ce trauail, qui me donneroit beaucoup de peine, & qui demanderoit plus de temps que ie n'ay à y employer, ie satisferay aisement à ce que vous desirés.

Depuis nos derniers

de l'Amitié.

entretiens, où nous repassâsmes agreablement ensemble sur ce que les Autheurs anciens disent de l'Amitié, i'ay tasché de laisser là toutes mes lectures sur cette matiere, & de ne considerer que ce que i'ay appris par ma propre experience. Ie me suis remis en la memoire toutes les Amitiés que i'ay cultiueés. I'en ay remarqué exactement les motifs, les causes, & les occasions; leur naissance, & leurs progrés; tous leurs accidens, & toutes leurs maladies; Et en celles qui ne sont plus, i'ay soigneusement obserué les diuerses manieres dont elles se sont esteintes. Il y en a eu qui se sont flestries insensiblement, tandis que d'autres ont esté tout à coup arrachées par vne extreme violence. Il y en a eu que la Fortune m'a rauies; & il y en a eu dont la Nature ne m'a pas laissé vne longue possession. I'en ay encore plusieurs qui me donnent beaucoup de plaisir; & peut-estre qu'il n'y a personne de ma sorte qui ait eu le bonheur d'acquerir vn plus grand nombre d'amis : car sans doute il n'y a personne qui ait pris dauantage de soin de gagner les bonnes graces de tout le monde, & de meriter vne particuliere bien-vueillance des plus honnestes gens. Mais ie n'ay pas mis en ligne de compte les amitiés ausquelles i'ay inutilement prouoqué des personnes qui n'ont pas voulu receuoir mes auances, ny celles où i'ay esté trompé par les apparences d'une fauſſe vertu. Ie n'ay fait reflexion que ſur celles où veritablement i'ay rencontré le ſolide, & où l'on a répondu à ma franchiſe, à ma tendreſſe, à ma vigilance, à ma fermeté, & à toutes les autres loüables diſpoſitions que i'ay monſtrées à ceux à qui i'ay voulu donner mon cœur.

Cependant, MONSIEVR, quelque ſoin que i'aye pris de ne me ſeruir que de mon raiſonnement, & d'euiter les penſées que

de l'Amitié.

les liures nous donnent, il m'a esté impossible de ne trouuer tousiours en mon chemin Ciceron & Aristote, & ie n'ay peû m'empescher de les ioindre au retour de mes digressions.

Comes facundus in via pro vehiculo est.

Il y a plaisir de voyager auec vn orateur, & il y a vn grand auantage de raisonner auec vn homme sçauant. C'est pourquoy vous trouuerés icy quelques vnes de leurs pensées, & peut-estre méme qu'il m'arriuera contre mon premier dessein de rapporter leurs propres termes dans ce discours. Ie ne differeray pas dauantage de m'en seruir, & puis que dés le commencement de ce Traitté ie me souuiens d'vn passage par lequel autrefois i'entray dans les considerations que i'ay faites de l'Amitié, il paroistra, s'il vous plaist, au frontispice de cet ouurage, afin de le rendre plus beau & plus éclatant. *Nihil mihi foret tam deesse, quàm hominem cum, qui cum omnia quæ me curâ aliquâ afficiunt vnâ communicem, qui me amet, qui sapiat, quicum colloquar, nihil fingam, nihil dissimulem, nihil obtegam. Fucosæ quædam amicitiæ sunt, quæ vulgaribus salutationibus continentur, fructum autem nullum domesticum habent.* IE vous prie de croire, que ce qui me manque principalement est vn homme à qui ie puisse communiquer tout ce qui me trauaille l'esprit en quelque sorte, vne personne qui ait de l'affection pour moy, qui ait bon sens, auec qui ie puisse auoir vn entretien à cœur ouuert, à qui ie *ne cache & ie ne diffimule aucune chofe. Il y a de certaines amitiés plaftrées, qui ne confiftent qu'en de ciuilités exterieures que l'on fe rend d'ordinaire, & dont il n'y a aucun fruit domeftique à retirer. Tout fe paffe en public, il n'y a rien de particulier, & iamais on ne s'en preuant à la maifon, ny dans le cabinet, où l'on ofte le mafque, & où l'on n'a pas à eftudier fi fort toutes fes paroles & toutes fes actions.*

La premiere fois que ie me mis à raifonner fur la nature de l'Amitié, ie rencontray des principes bien contraires à ceux sur lesquels il me semble maintenant qu'elle est établie. Ie venois d'apprendre, que l'homme est vn animal politique, né pour viure en la compagnie de ses semblables, πολιτικον ὁ ἄνθρωπ‑, ϰ συζῆν πεφυκός. Ie sçauois que mesme parmy les bestes il y en a plusieurs especes qui viuent en societé, comme les abeilles, & les fourmis ; ou qui marchent en troupe, comme les gruës, les cicognes, & les estourneaux. I'auois remarqué quelque amitié entre les cheuaux d'vn mesme attelage, & entre les chiens des voisins, iusque là qu'ils se rendent des visites, & qu'ils vont faire des promenades ensemble. Cela me faisoit penser, que nous ne deuions pas estre de pire condition qu'eux, & que nostre raison nous deuoit pousser là où leur instinct les porte necessairement. Ie m'esforçois de raisonner plus subtilement, & considerant la definition que les Stoïciens ont donnée à l'amour, qu'ils nomment vn desir de faire naistre l'amitié, à cause de la beauté que l'on a descouuerte en la personne aymée, ie reprenois ces vers de Malherbe.

Et sans plus m'obstiner à
luy faire pitié,
Restraignis mon Amour
aux termes d'Amitié.

Comme si le Poëte auoit fait tort à cette derniere, qui est plus parfaite que l'autre, & en laquelle l'Amour tasche de se conuertir. A quoy i'estois d'autant plus porté qu'il me sembloit que les grammairiens auoient raison de dire, *Amicus animi est, Amator corporis*: Que l'Amy ne l'estoit que de l'ame, & l'Amant ne l'estoit que du corps. En effet, ie me representois que le premier soin de l'indiuidu étant celuy de sa conseruation, & le second celui de la cóseruatió de son espece ; comme l'on preuoid que malgré toute la peine que l'on prend à se conseruer, il faudra tomber finalement en ruine, on s'attache par vn secret instinct de la Nature auant que ce malheur arriue à empescher

la

la ruine entiere de l'espe-ce. Et ainsi, peut-estre que de là vient qu'au sortir de l'enfance, & auant que l'on sçache ce que c'est que cette belle & vertueuse Amitié dont nous voulons parler, nos premieres inclinations nous portent à aimer les personnes d'vn autre sexe auec vne passion qui est quelquefois tres-forte & tres violente, ou pour mieux dire, tout à fait im-perieuse & tyrannique.

Mais parce que ce rai-sonnement me sembla de-

B

puis vn peu trop Platonique, ie ne m'y arrestay pas dauantage, & ie cherchay quelque cause plus prochaine de l'Amitié qu'il nous est si naturel de desirer. Ie laissay donc là ces pretenduës raisons de l'Amour, qui n'est elle méme qu'vne esbauché de l'Amitié; & ie passay à la consideration de cette derniere, sans auoir aucun égard aux differences que le sexe y peut apporter. Et ie trouuay alors que l'Amitié n'estoit pas vne chose si naturelle quelle m'auoit paru; mais qu'elle estoit vne suite de l'estat de l'Empire sous lequel nous estions nés; & que la Politique à laquelle nous estions soûmis en estoit la cause, plustost que la Nature, qui nous auoit mis au Monde independamment de toutes ses autres creatures. Ie me figurois là dessus, que si nous auions tousjours vescu en l'estat de Liberté (comme parle Monsieur Hobbes) nous n'aurions point eu l'vsage du discours, ny aucune communication les vns auec les autres plus intime que celle que les autres animaux ont entr'eux pour la generation, ou pour leurs voyages & leurs tranfmigrations, comme il arriue aux hirondelles, qui paffent la mer enfemble; aux cerfs, qui trauerfent les riuieres à la nage en appuyant leur tefte fur la croupe de celuy qui les precede; & aux finges, qui fe tiennent par la main, & font vne chaifne fur laquelle ils font paffer leurs petits. De forte que nous deuons à la societé ciuile la naissance de l'Amitié, qui nous distingue des autres animaux presque autant que la raison, ou que le langage, sur lequel elle est establie. Et certes il semble, que comme la raison a inuenté le langage, le langage ne nous a esté necessaire que pour nous seruir à produire des amitiés; & non pas afin que nous peussions commander les vns aux autres, & exiger par force les choses dont nous aurons besoin,

Quoy qu'il en soit de cet vsage de la parole, en l'estat politique, comme nous auons renoncé à la violence, nous nous sommes mis à couuert de celle des particuliers, & nous ne sommes obligés de nous soûmettre qu'à la puissance que nous auons donnée aux personnes publiques. Mais parce que la negligence de celles-cy, qui ne tiennent pas assez la main à la conseruation de leur authorité, permet à plusieurs de faire beaucoup de choses contraires aux regles fondamentales de la societé ciuile, & qu'ainſi on ne reçoit pas touſiours du Public toute la protection qu'on en deuroit attendre, il a eſté neceſſaire de ſe precautionner contre l'inſolence & la felonnie de ceux qui rentrent dans l'eſtat de Nature en nous faiſant outrage. A leur égard il n'a pas eſté dit ſans cauſe, que l'homme eſtoit comme vn loup enuers vn autre homme : de meſme qu'à l'égard des amis il a eſté dit, que l'homme estoit comme vn Dieu à vn autre homme. Mais cette derniere assertion se verifie bien plus rarement que l'autre, & la meschanceté est bien plus naturelle aux hommes que la douceur; puis que tous les particuliers s'appliquent si fort à l'exercer, qu'ils ne trauaillent la pluspart du temps qu'à destruire leurs voisins, & qu'à esleuer leur fortune sur la ruine de leurs compatriotes. La protection publique étant donc si foible, ou si insuffisante que nous l'esprouuons

prouuons pour nous faire viure en repos & en seureté, il a esté necessaire que nous trauaillassions à former de petites alliances, à faire quelques autres ligues, & à nous cantonner pour nous defendre des insultes & de l'iniustice, à laquelle nous ne laissons pas d'estre exposez dans la societé ciuile; entre les mains de laquelle nous auons de bonne foy quitté les armes, & renoncé au droict que la Nature nous auoit donné sur toutes choses. Si cela est

C

ainsi, comme il semble qu'il n'y a personne qui ne le puisse remarquer par sa propre experience, l'Amitié peut-estre definie, un certain estat de l'Ame par lequel nous nous trouuons disposez à prendre les interests de certaines personnes comme les nostres, & une confiance que nous auons qu'elles sont disposées à prendre les nostres comme les leurs; Ce qui fait que nous nous plaisons en leur compagnie, & que nous la recherchons, afin d'estre tousiours mieux en estat de nous prester vne mutuelle assistance. Ie sçay bien qu'il y peut auoir des amitiez moins interessées, & qu'il y en a entre des persones qui n'ont pas manifestement besoin les vnes des autres, ou en qui le besoin n'est pas reciproque. Mais ie parle de ce qui arriue communement, & le plaisir de l'entretien & de la communication des pensées, qui fait naistre quelques amitiez, ne va pas long-temps seul, mais il tombe dans l'vtilité, comme cette vtilité retombe elle mesme dans le plaisir, qui est effectiuement le grand receptacle, & la derniere fin de toutes nos actions.

Il eſt vray que l'Amitié eſtant vne fois bien eſtablie, les amis dont la fortune eſt eſgale, ou qui n'ont aucunes affaires enſemble, & qui ne s'entretiennent que de leurs diuertiſſemens, ne prennent garde qu'au plaiſir qu'ils reſſentent toutes les fois qu'ils ſe trouuent enſemble: car la ſeule preſence des amis intimes répand dans l'ame vne certaine joye, dont il ne ſemble point que l'origine doiue estre recherchée hors de la personne aimée, ny dans quelqu'autre chose qu'elle ait faite esperer. Mais cela n'empesche pas qu'vn effect qui paroist si detaché de la matiere, ne procede originellement d'vne cause moins noble, & que l'vtilité n'en soit le premier principe, aussi bien qu'elle est en quelque sorte celuy de la iustice & de l'equité, *vtilitas iusti propè mater & æqui.* Car l'agilité de nostre esprit est si merueilleuse, qu'il fait vne infinité d'actions si promptement, que nous n'en pouuons remarquer que les dernieres ausquelles il s'arreste. La pluspart du temps nous ne voyons pas les premices de ses conclusions, & le milieu par où il passe n'entre chez nous en aucune consideration, lors qu'il est arriué au but où nous le trouuons. Ainsi lors que nous lisons quelque Histoire bien écrite, le plaisir que nous y prenons passe par dessus la peine que nous auons à assembler les lettres, & ne nous permet pas de faire reflexion sur tout ce dont il nous a fallu conuenir pour la signification des paroles, & pour la valeur des characteres. Ces choses nous demeurent imperceptibles, quoy qu'il ait fallu que la raison passast par vne longue suite de subtiles operations, auant que rencontrer le contentement que nous receuons en la lecture d'vn bel ouurage. Il n'est donc pas de merueille si l'vtilité demeure cachée en quelques amitiés, & si le plaisir pour lequel elle trauaille l'emporte sur elle, l'obscurcit, & occupe seul nostre imagination, lors que nous sommes auprés de nos plus chers amis. Mais c'est pousser les choses jusques au bout; & il n'est pas necessaire d'aller jusques aux dernieres confins de la Morale & de la Politique, ou de nous y arrester fort long-temps.

Vous voyés, Monsievr, par ma définition de l'Amitié, & par tout ce que ie viens de dire, sur quels principes il en faut raisonner, & de quelle impor-

de l'Amitié.

sance il est de faire des amis. Nous auons besoin en quelque estat que nous soyons d'acquerir, non seulement de ces amis gais & enjoüés, qui detrempent dans leurs agreables discours les amertumes de la vie, qui iamais ne nous contristent, *Annuimus pariter iuuenilinotique columbi*, & desquels nostre Horace nomme la possession vn tresor inestimable.

Nil ego contulerim iucundo sanus amico.

Mais de faire des amis

qui ayent assés de pouuoir & de volonté pour nous tirer des mauuais pas où quelques fois nous nous trouuons engagés, pour nous defendre contre ceux qui taschent de nous opprimer, & pour nous mettre à l'abry des iniures, ausquelles la malice des hommes expose les fortunes les mieux établies. Ie ne regarde ces Amitiés que comme des citadelles ou des places de guerre, qui tiennent en bride les villes mutines, ou qui fortifient les frontieres, &

qui sont plus ou moins fortes suiuant le trauail & la regularité auec laquelle on les a basties, suiuant l'ordre & la discipline qu'on y garde, & suiuant le soin que l'on prend de leur entretenement: Or en cela il faut que chacun mesure ses forces, de peur qu'il n'entreprenne vn ouurage qu'il ne sçauroit acheuer, ou qu'il ne pourroit pas entretenir. Desorte qu'il ne faut pas auoir de trop vastes pensées, ny embrasser trop de monde dans nos amitiez. Il faut bien tafcher de nous concilier tous ceux qui nous connoiffent; mais nous ne deuós nous attacher principalement qu'à vn petit nombre de perfonnes choifies; eftant impoffible de gagner tous les cœurs, ou s'il arriue de les gagner, (comme il y a des perfonnes qui ont vne certaine grace auec laquelle il fe les rendent d'abord tres fauorables) eftant bien mal-aisé que l'on s'en conferue la poffeffion. Car quel moyen y a-t il que l'on donne à plufieurs tou-

de l'Amitié. 37

té l'assiduité qu'il faudroit employer à chacun de ceux que l'on voudroit obliger, & que l'on partage si également ses seruices que l'on ne fasse point de mescontent en cette distribution? Le prouerbe ancien dit que celuy qui a plusieurs amis n'en a aucun, ὁ φίλα, & δίς φίλο. Et comme ceux qui ont le plus de valets sont bien souuent les plus mal seruis, parce qu'ils se reposent les vns sur les autres de ce qui est de leur deuoir; les personnes sociables, qui ont voulu obliger tout le monde, sont les plus mal secouruës en leurs affaires; parce que chacun estime qu'il sera releué de cette peine par quelque autre, sa passion ne le portant point à rechercher la gloire d'estre le premier qui prestera la main à vn amy qui en a tant d'autres.

Et en cecy nous sommes fort sujets à nous mescompter: car nous nous abusõs grandement, lors que nous atrendõs de quelques personnes que nous estimons amies, des offices qu'elles ne sont pas tenuës de nous rendre. Ce n'est pas assez que nous ayons grande inclination pour elles, que nous le leur ayons tesmoigné en quelques rencontres, & que nous ayons receu d'elles quelques ciuilitez. Nous n'auons pas pour cela seul droict de les mettre au rang de nos amis, ny d'en exiger autre chose que leur tolerance, & l'impunité de quelques fautes legeres que les autres ne nous pardoneroient peut-estre pas. Il n'en faut rien attendre de positif, ny de reél; & il ne faut point esperer là dessus de les mettre en œuure, ny de les faire marcher à nostre secours. C'est bien assez qu'ils n'agissent point hostilement; qu'ils nous regardent faire, & qu'ils ne se rangent point du costé de nos ennemis : sur tout si nostre party est foible, & si nous sommes prests à succomber. Voyez ce que dit le Iurisconsulte, D. Tit. *de verborum significatione* l. 223. §.1. *Amicos appellare debemus, non leui notitiâ coniunctos; sed quibus*

quibus fuerint iura cum patre-
familias, honestis familiaritatis
quæsitæ rationibus. NOVS
ne deuons pas nommer nos amis
tous ceux à qui nous ne sommes
attachés que par vne legere
connoissance: mais ceux là seulement auec qui nous auons quelques droicts communs, quelque
liaison *&* quelque familiarité
que nous nous sommes acquise
par des moyens honnestes. Et
ce n'est pas peu de chose
que cette amnistie, laquelle ie suppose que l'on doit
attendre des amitiés com-
munes, & des connoissan-
ces dont nous n'auons re-

D

ceu que des ciuilitez. Plut à Dieu qu'on nous l'accordaſt touſiours, & qu'il n'arriuât point tout au contraire, que ces pretenduës amitiez fuſſent la plus ordinaire cauſe de nos deſplaiſirs. Ces amis vulgaires ſont les eſpions de nos ennemis declarés, & ne ſeruent le plus ſouuent qu'à diuulguer nos defauts, nos foibleſſes, & nos imperfections. De ſorte que c'eſt beaucoup attendre de leur bien vueillance ou de leur diſcretion, que d'en exiger le ſupport de nos infirmitez; & il ne faut pas aller iusqu'à leur demander quelques autres bons offices. S'ils se trouuét capables de nous acorder ce que ie dis, ils seront assez honnestes gens pour n'en pas demeurer là: Mais il faut que le reste vienne d'eux mesmes, & ie le reitere encore, nous n'auons aucun droict de le leur demander. Neantmoins encore que nous sçachions cela, lors que nous regardós les choses de plus prés; & que raisonnans de sens froid hors de la necessité pressante d'employer nos amis, nous ne trouuions pas, qu'il faille faire aucun fondement sur ces amitiés communes; nous ne laissons pas, lors que les affaires pressent, de nous plaindre qu'elles ne font pas leur deuoir, si elles ne prennent nostre parti auec beaucoup de chaleur. Nous estimons que ceux qui ne sont pas pour nous sont contre nous, & reputons nos ennemis tous ceux qui n'employent pas leurs forces pour nous seruir. En cela nous sommes iniu-

de l'Amitié.

lles, ou du moins nous ignorons de quelles preparations il faut vser pour produire vne amitié parfaite, & quelles sont les parties qui entrent en sa composition.

L'Amitié n'est pas vne chose faite à la haste, ny l'ouurage d'vn complimét, elle n'est pas le fruict de quelque complaisance, ou de quelque seruice que l'on aura rendu à vne personne, ny l'effect d'vn peu de sympathie, & le resultat de deux ou trois agreables conuersations. Elle demāde quelquesfois plusieurs années de trauail, & le grand-œuure dont on nous parle n'est pas plus long ny plus difficile. Il y a vne infinité d'operations prealables, afin de separer le pur d'auec l'impur; & comme les Alchymistes disent, que pour oster la lepre des metaux il y a quantité de menstruës à employer, de macerations à faire, de fermentations à attendre, de degrez de feu à donner, de calcinations, d'ablutions, de philtrations, & de coagulations à

de l'Amitié. 47

pratiquer. Ainsi pour acquerir vn vray amy, & tirer ce tresor de la masse corrompuë des hommes, il faut que l'on corrige auec beaucoup d'adresse la ferocité naturelle de l'esprit humain. Il faut premieremét appriuoiser vne personne que nous commençons de connoistre, & luy oster la defiance dás laquelle nous sommes tous les vns des autres ; puis adoucir vn peu l'auersion, ou corriger le mespris, ou exciter l'indifference dans laquelle nous la trouuós pour nous.

Et apres que toutes ces preparations sont faites, il reste encore vne chose bien mal-aisée, qui est de transformer en nostre Ami, en vn autre nous mesme, celuy qui naturellement ne se met en peine que de ce qui le touche, qui se fait le centre de l'Vniuers, & qui n'en considere aucune partie que par l'vtilité qu'il espere d'en receuoir. De cette sorte l'acquisition d'vn Ami n'est pas moins laborieuse, ny moins incertaine que celle de la Pierre Philosophale. En l'vne

de l'Amitié. 49

l'vne & en l'autre il ne faut point se haster, & bien souuent l'on gaste tout par la precipation.

I'en puis parler sçauamment, car i'ay assez veu de fourneaux & de laboratoires, & i'ay assez frequenté de gens qui ont fait d'inutiles dépences en leur secret, mais qui ont tousiours accusé de leur mauuais succés l'impatience qu'ils ont euë, ou quelque legere inaduertance qu'il n'y a pas eu moyen de reparer: Comme de mon costé ie trouue que

E

i'ay failly plusieurs fois en ouurant trop-tost mon cœur, en declarant trop librement mes pensées, & en attendant hors de saison quelque amitié des personnes que ie n'auois pas encore assez disposées à m'aimer. Et en cela l'on ne peche pas tousiours impunement; parce que quelque fois, outre que l'on perd son temps, il en reüssit vn effect tout contraire à celuy que l'on se propose, à sçauoir; que l'on s'aliene l'esprit de ceux que l'on auoit tasché de gagner; soit qu'en ce rencontre il est mal-aisé de ne laisser paroistre quelque dépit, soit que la personne que l'on n'a pas bien atteinte se sente coupable de sa dureté, & qu'elle paye la premiere de quelque haine secrette celuy qui auroit sujet de l'estimer digne de la sienne. On void tous les iours arriuer de ces inimitiez occultes, à la cause desquelles comme l'on ne prend pas garde, on a recours aux antipathies & aux constellations; quoy qu'il ne soit pas besoin de monter si haut, & que dans le Theme terrestre, ie veux dire dans la disposition des personnes à qui l'on a à faire; ou dans quelque circonstance de la vie, on puisse trouuer ce que l'on cherche dans le Ciel. Ie pense que i'ay leu dans Bocace vn plaisant conte de deux personnes, qui entrerét en froideur, & qui furent long-temps ennemies, pour vne mule que l'vn d'eux croyoit d'auoir refusée à son amy, vn autre la luy ayant demandée en son nom. Celuy qui n'auoit pas eu le moyen de prester ce iour là sa monture, trouua par hazard son ami froid & refueur la premiere fois qu'il le vid. Il creut qu'il estoit fasché de son refus, & qu'il n'auoit pas bien receu ses excuses. La deuxiéme fois qu'ils se rencontrerent, cestui-cy fit le froid à son tour. L'autre en fut fasché tout de bon : Et enfin, apres s'estre faits plusieurs fois la mine, ils éuiterent de se rencontrer. De là ils passerent aux reproches, & à la médisance, &

cherchererent vne occasion de procez, qui les acharna l'vn contre l'autre; iusqu'à ce qu'vn iour en esclaircissât les sujets de leur mesintelligence, ils trouuerent qu'il n'y en auoit point d'autre que cet imaginaire ressentiment, & cette pretenduë animosité, à cause de la mule que l'ami n'auoit pas empruntée.

Certes il faut bien peu de chose pour émouuoir nos passions, & la mobilité de nostre ame est exposée à de bien foibles impreſſions. Sa nature nous est bien cachée, & il y a quelque chose de bien étrange en ses ressorts; puis que nonobstant cette facilité de mouuement, elle demeure quelquefois inesbranlable, & resiste à de grands efforts: Comme si elle estoit du naturel de la foudre, qui se laisse detourner au vent d'vn chapeau, & qui ne peut estre arrestée par des corps qui luy font vne forte resistance. Mais que dirons-nous de ce que quelquesfois elle resiste également à toutes les manieres dont on entreprend de l'émouvoir? Car n'y a-t-il pas des personnes dont on ne gagne point l'Amitié par les voyes accoustumées de la douceur & de la complaisance, & auprés desquelles l'Amour n'engendre point l'Amour. On les irrite en les caressant, les loüanges ne produisent en leur esprit que le mespris de ceux qui les leur donnent.

Et de les vouloir vaincre avecque des services,

Apres qu'on a tout fait, on
trouue que leurs vices,
Sont de l'essence du sujet.

C'est ce que Petrar- Lib. 1. Dial.
que auoit bien remar- 50.
qué, lors qu'en vn certain
endroict de ses Remedes
contre l'vne & l'autre fortune, il en parle à peu prés
selon le sens de ce que ie
viens de dire. *Si vis amari,*
ama; quanquam & hoc ipsum
sæpe frustra est. Tam multæ,
tamquam imperscrutabiles ac
profundæ sunt pectorum cauer-
næ, tam venenosi atque inhu-
mani & implacabiles quorun-
dam animi, vt & culti sper-

nant, & amati oderint, nec contenti nullam pio affectui vicem reddere, quod nec belluis quidem nisi atrocissimis accidit, exasperantur obsequio, & si credi potest, amore ipso ad odium irritantur, quod periculosissimum, & inter vitæ mala grauissimū humana simplicitas experitur. Neantmoins il ne faut iamais perdre courage, & nous deuons toûjours bien esperer de nostre Amitié, de nos soins, de nos seruices, & de nostre assiduité. Mais on ne sçauroit estre trop aduerti de cette irregularité, & si nous nous la representions continuellement, nous ne nous estonnerions pas des bigearres moyens, par lesquels on gagne, ou l'on perd l'amitié des personnes; & nous ne nous rebuterions iamais de tout ce qui nous auroit mal succedé. En l'Amitié des hommes les plus raisonnables il n'y a pas moins l'heure du Berger à prendre, qu'en l'acquisition des bonnes graces d'vne Maistresse, & la perseuerance fait quelquesfois des merueilles en l'vn & en l'autre sujet.

Au reste, MONSIEVR, il nous faut representer qu'il y a vne infinité de degrés en l'Amitié, & que le parfait Ami ne se trouue non plus que l'Orateur de Ciceron, ou que l'or à vingt-quatre carats. On sçait par demonstration quel il deuroit estre, mais on ne le trouue en aucune part; Et il semble que les affaires humaines ne permettent pas que nous en voyons aucun dans la societé ciuile. Mais il se faut contenter de ceux que nous auons, & ne les chetir pas moins que s'il n'y auoit rien à desirer en eux pour leur perfection. Encore donc qu'il y en ait de plus intimes les vns que les autres, cela n'empesche pas que nous ne les aymions tous parfaitement selon la proportion de leur merite, & que nous ne leur communiquions selon leurs diuers talents, & selon les diuerses conionctures plus ou moins de nos pensées. Il n'est pas necessaire qu'ils sçachent tous également toutes nos affaires, ny que nous les entretenions de toutes nos speculations, ny que nous rendions à tous les mesmes seruices. Ils ne sont pas tous posez sur la mesme ligne. Ils sont en differents degrez; & il y a entr'eux quelque subordination. De sorte qu'il y a aussi quelque proportion Geometrique à garder en la distribution des faueurs que nous auons à leur départir; & il n'est requis autre chose de nostre part, qu'vn égal droict que nous leur donnions de prétendre à tous les bons offices qu'ils peuuent raisonnablement attendre de

de l'Amitié. 63

nostre Amitié pour l'auancement de leur fortune, ou par la joüissance de toutes les parties de leur felicité.

Par ce raisonnement il est manifeste que la possession des amis fidelles rend la vie plus douce, & applanit beaucoup de difficultez qu'il y auroit à rencontrer. Et il n'est pas necessaire que nous le fortifions par l'authorité celebre de celuy qui a dit, que l'eau, l'air, & le feu ne nous venoient pas plus ordinairement en vsage que l'Amitié, ny que nous rapportions ce que le Sage prononce à la loüange de l'Amitié, qu'il nomme le plus riche tresor de la vie. De sorte qu'Aristote a raison de se mocquer de ceux qui disent, que l'on n'a pas besoin d'amis lors que la fortune donne tout ce que l'on demande,

ὅταν ὁ δαίμων εὖ διδῷ, τί δεῖ φίλων;

estant vne chose absurde d'accorder à celuy qui est heureux vn assemblage de tous les biens, & de luy
desnier

desnier des amis, qui sont le plus grand de tous les biens exterieurs. I'aduouë que l'Amitié est plus necessaire en l'aduersité qu'en la Prosperité : mais en ce dernier estat elle ne laisse pas d'auoir son vsage, & mesme Aristote veut qu'elle soit plus honneste, à cause qu'il y a quelque chose de plus noble & de plus doux d'auoir le moyen de faire du bien à ses amis, que d'auoir besoin de leur assistance.

Ce que le Philosophe

dit des personnes heureuses du costé de la Fortune n'est pas moins veritable à l'esgard des plus beaux esprits & des plus sçauans personnages, qui tirent de grands auantages de l'Amitié, & qui ont peut estre plus de besoin d'elle que les autres hommes. Aussi comme ils ne manquent iamais à en donner à ceux qui le meritent, ils en reçoiuent tousiours beaucoup, & en quelque part qu'ils aillent elle est vne de leurs premieres acquisitions. Mais ce n'est pas par la seule raison de la crainte mutuelle que i'ay alleguée au commencement de ce discours, qu'ils se font par tout des amis, & ils ont vne raison toute particuliere d'en faire par tout le plus promptement qu'ils peuuent quelque prouision.

Comme ils sont en quelque façon plus hommes que les autres hommes par la faculté de penser qui est en eux exaltée, ils ne trouuent rien plus doux que de la produire

& de l'exercer auec quelques vns de leurs semblables. Il leur faut donc des amis, ausquels ils communiquent leurs pensées, & mesme par le moyen desquels ils les augmentent, ils les rafinent, & ils les polissent : Ce qui est de toutes les occupations de la vie la plus spirituelle, la plus noble, & la plus digne de l'origine que nous donnons si iustement à l'ame, aussi bien que de l'immortalité que nous luy promettons auecque tant de certitude & de solides demonsstrations. Ie sçay bien, MONSIEVR, ce qui en est selon ma petite capacité, (car ie ne me mets pas au rang de ceux dont il s'agit en cet endroit) par tout ce que ie dois aux charmes de vostre conuersation, qui m'a souuent ouuert l'esprit, & qui en a tiré des pensées que ie n'eusse pas euës par mon seul raisonnement. Il est certain que ie me suis veu le lendemain d'vne conference auec vous en estat d'exiger de mon esprit vne infinité de choses, ausquelles ie ne prenois pas garde auparauant, & que ie n'eusse pas ozé luy demander. Vostre presence m'a tousiours serui comme l'armature sert à l'aymant, dont elle fortifie l'attraction. Que i'estime vostre amitié, & que i'ay d'interest qu'elle me soit conseruée. I'espere que vous ne me l'osterez iamais; & dans cette esperance ie defie la Fortune de me rendre malheureux: Quoy quelle fasse d'ailleurs pour troubler mon repos, ie ne le seray point tandis que i'aurai le moïen

de l'Amitié.

de me consoler aupres de vous, & que vous m'inspirerez les pensées dont ie me console hors de vostre presence.

Ie m'arresterois volontiers en cet endroict pour finir agreablement ce discours, si ie n'estois importuné de quelques pensées que ie ne puis oublier, & qui font de la peine à tout le monde. Ie ne sçay point de meilleur remede au desplaisir qu'elles causent, que celuy de les laisser sortir, & de les faire euaporer: C'est pourquoy ie vous prie, Monsieur, de trouver bon que ie m'en décharge. La perte des anciens amis est sans doute la plus sensible de toutes les pertes lors qu'elle arrive à l'entrée de la vieillesse; parce qu'elle est irreparable, & qu'il n'y a plus esperance d'en recouurer de pareils. Il n'y a plus de moyen de repasser par où l'on a esté, de retourner à l'escole auec quelqu'autre, de ioüer & d'auoir le foüet de compagnie, de faire quelque débauche, ou de voyager ensemble:

de l'Amitié. 73

ensemble: car tout cela n'entre pas moins dans la preparation des Amitiés, que les plus serieuses Epoches de la vie que l'on doit auoir communes. Aristot. οἱ μ̃ συμπίνυσι, οἱ δὲ συγκυβέυσι; ἄλλοι δὲ συγγυμνάζον], κὴ συγκυνηγ̃υσι, κὴ συμφιλοσοφ̃υσιν.

D'ailleurs en cet âge auãcé nous ne symbolisons plus auecque la ieunesse; & l'amitié de nos contemporains est desia occupée; ou s'il en vaque quelqu'vne, nous sommes d'vne part & d'autre dans la de-

G

fiance, & il est tres-mal-aisé de nous ioindre. Et c'est à mon aduis vne des plus grandes incommodités de la vieillesse que ce vefuage d'Amis que nous perdons les vns apres les autres, & que cette solitude dans laquelle nous nous trouuons parmi des jeunes gens auec qui nous ne pouuons point auoir de societé.

Iuu.
Sat.
X.j
Hæc data pœna diu vi-
uentibus, vt renouata,
Semper clade domus, multis
in luctibus, inque

de l'Amitié.

Perpetuo mærore, & nigra veste senescant.

Mais comme ce malheur nous arriue peu à peu, & comme nous nous y preparons tous les iours, en nous retirant des affaires ou des estudes, ou en nous appliquant vniquement à soustenir le corps que les maladies viennent attaquer, & dont il faut reparer les bresches, nous prenons enfin patience, & nous nous resoluons à suiure l'ordre des destinées. Il y a aussi à considerer en ce malheur, que comme en la vieillesse nous sommes hors de combat, & presque hors du monde, nous n'y sommes plus tant exposez à l'enuie; & ainsi la necessité de la defence estant diminuée, les Amis ne nous y sont plus necessaires.

Mais de toutes douleurs la douleur la plus grande,

C'est lors que nous perdons nos amis au milieu de nostre course, & que l'infidelité nous en rauit tout à coup la possession. C'est en ces occasions que nous perdons toutes nos mesures, & que nous pouuons nous plaindre d'vn crime que nous auons suject d'estimer la plus noire de toutes les trahisons. Nous sommes au plus fort de nos affaires. Nous voilà dans la meslée. Nous croyons auoir donné bon ordre à nostre secours. C'est à nos Amis à qui nous auions appellé des trahisons de nos concitoyens. Nous les auions pris à garent des infidelitez de la societé ciuile qui nous manque de protection ; Et nos Amis nous manquent aussi bien qu'elle. A qui aurons nous recours contre cette derniere infidelité ? Il n'y a plus de resource.

C'estoit sans doute quelque accident de cette nature, qui fit dire au Poëte Martial,

Nulli te facias nimis sodalem,
Gaudebis minus, & minus dolebis.

Qu'il ne falloit point se rendre trop familier auec personne, & que par cette retenuë si l'on n'auoit pas tant de plaisir, on s'exposoit à moins de douleur. A quoy fait allusion Lopé de Vega dans vn Sonnet que i'ay rapporté ailleurs, & duquel vous vous pouuez souuenir encore: Car vous le trouuastes fort bien tourné, & nous le leusmes deux ou trois fois ensemble. Ne seroit-ce point aussi de ce principe que viendroit l'auarice des vieillards, à qui vne longue experience a enseigné que les Richesses suppléent au defaut des Amis? Il n'est pas à craindre qu'elles fassent iamais aucune infidelité, puis que iamais elles ne manquent à nous obeïr, & qu'elles obtiennent tousiours ce que nous desirons. *Pulchris omnia parent Diuitiis*, & il n'y a qu'à en acquerir vne telle abondance, que la source soit inespuisable.

O ciues, ciues, quærenda pecunia primum est.

Ie ne vois point de plus

raisonnable moyen de iustifier l'insatiabilité des personnes sages & bien sensées, qui en vsent de cette sorte, parce qu'elles ont esprouué, ou qu'elles ont preueu ce que ie viens de dire de la perte des vrais Amis, de l'infidelité de quelques vns, & de l'effect infaillible que les Richesses ont sur l'esprit de la pluspart des hommes dont nous voulons auoir le secours & la protection. Ie ne desapprouue point aussi (quoy qu'elle ne soit pas à mon vsage) la pensée des Poëtes Espagnols, qui partoit, à mon aduis, d'vn meilleur naturel que n'est celuy de ces personnes differentes, qui n'ayment point par vne pure insensibilité, ou parce qu'elles n'aiment que leurs richesses. Ceux qui pensent beaucoup, comme faisoient sans doute ces deux beaux esprits, ont besoin de quelqu'vn à qui ils ayent le plaisir de communiquer leurs belles pensées. Mais ceux-là aussi qui ne raisonnent iamais, qui ont le cerueau vuide, & ausquels l'ame ne sert que de sel pour empescher que le corps où elle est ne se pourrisse, ou qui ne songent qu'à viure & à passer la vie insipidement, ceux-là mesme ne laissent pas d'auoir besoin d'amis, & d'en auoir plus de besoin que les autres; parce qu'il leur faut beaucoup de gens qui veillent pour conseruer les richesses dont ils font le seul object de leur Amitié.

Ie ne veux pas, Monsieur, vous ennuyer par vn plus long discours, en estendant les raisonnemens que ie vous ay touchez, & desquels on peut deduire mille belles consequences qui regardent cette fecóde matiere. Elle n'a pas encore esté espuisée dans les Romans; ny dans vne infinité d'autres volumes où elle est traittée. I'ay protesté aussi dés l'entrée de ce discours que ie ne voulois pas employer le lieu commun, & que ie me contenterois de quelques passages des anciens ou des modernes, qui me viendroient en la pensée,

de l'Amitié. 85

sans que ie les recherchasse. En voicy deux, apres lesquels ie finis cette lettre. Le premier est d'vn Pythagoricien.

Τὺς μ̀ ἑταίρυς ἤγιν ἴσυς μακάρεσσι θέοισι.
Τὺς δὲ ἄλλους ἡγεῖτ᾽ ὔτ᾽ ἐν λόγῳ ὔτ᾽ ἐν ἀριθμῷ.

Il faut que nous estimions infiniment nos amis, & que nous les mettions en quelque sorte au rang de nos Dieux tutelaires: mais pour tout le reste des hommes, il n'en faut faire ny mise ny recepte. Car c'est ainsi que ie dois adoucir en ma Paraphrase la rudesse qu'il y a en l'expression du Philosophe. Il y a apparence qu'il n'a pas voulu nous prescher la misanthrophie, & nous faire tout à fait mespriser, ou perpetuellement craindre tous ceux qui ne sont pas nos amis. L'autre passage est d'vn Poëte de ce temps que i'estime bien autant que le Pythagoricien.

Certainement les faux Amis
Sont presque drus comme fourmis :

Mais pour des bons, des veritables,

Remplis d'affections durables,
Pour des amis à cœur ouuert,
Que l'on ne prend iamais sans
   vert,
Et qui ne font point d'escapa-
   des,
Pour des Orestes & Pylades,
Telles gens, loin d'estre infinis,
Sont plus rares que le Phœnix.

Cette citation en vn suject si serieux vous plaira d'autant plus, à mon aduis, qu'elle est empruntée d'vn Autheur enioüé, & qu'elle est tirée d'vn lieu où la verité est plaisamment, mais aussi fort adroictement debitée. *Ridentem dicere verum quid vetat?* Et au moins vous ne trouuerez pas mauuais que i'aye icy employé des vers dont on s'eſt ſerui pour regretter la perte d'vn homme qui auoit voſtre approbation, & qui eſtoit vn de mes plus chers Amis. Les gens de mon âge, qui perdent leurs vieilles habitudes, ne doiuent point auoir de plus conſiderable intereſt que celuy d'en recouurer prõptement de nouuelles, auſquelles ils ne puiſſent plus auoir

auoir le regret de suruiure. Aymés moy donc, Monsievr, ie vous en coniure, & ne cessés point de m'aimer tandis que vous conseruerés quelque peu d'estime pour moy, & que vous ne douterés point de ma fidelité. Ie voudrois bien qu'il fut autant en mon pouuoir d'establir par mon merite les fauorables sentimés que vous aués de moy, que ie suis asseuré de ne vous dóner iamais occasion de croire que ie manque à mon deuoir : car du reste vous sçaués bien que

H

ie vous cheris, & que ie vous honore infiniment: c'est pourquoy il n'est pas necessaire de vous rien dire là dessus; & ce n'est que pour garder les formes que i'adiouste ces deux mots. Ie suis,

MONSIEVR,

A Paris le Vostre tres-humble & tres-
15. de Mars obeïssant seruiteur,
1660. SORBIERE.

AV MESME.

Articles d'Amitié.

MONSIEVR,

Ie vous enuoye le Sonnet de Lopé de Vega, duquel ie vous ay parlé, & à l'occasion duquel ie dressay autres-fois les articles d'Amitié, que vous aués desiré que ie vous communiquasse. Ie ne sçay comment vous les trouuerés; mais ie vous puis dire, qu'ils ne depleurent pas à vne perſonne de qualité, auec qui ie m'eſtois ſouuét entretenu des moyens de remedier à ce que le Poëte apprehende en la contractation des amitiés. Ie ſuis bien aiſe de preuenir en quelque ſorte voſtre iugement par ce preiugé, pource qu'il n'y a rien en quoy i'euſſe plus d'enuie de reüſſir qu'en la ſcience de faire des Amis, & de connoiſtre les perſonnes qui meritent d'eſtre aymées. Comme vous eſtes, MONSIEVR, de tous ceux que i'ay l'honneur d'aborder à la Cour vn des plus aymables & des plus accomplis, ie voudrois bien que vous fussiés persuadé que ie sçay cela; d'où il s'ensuit que ie vous honore infiniment, & que ie ne vous ayme pas moins que ie vous honore. Si cette verité pouuoit vne fois passer pour demonstrée, i'aurois bientost ce que ie pretends, & vous ne refuseriés pas sans doute de payer toute mon amitié de quelque petite portion de la vostre. Ie vous découure librement quelle est mon ambition; mais ie ne croi pas que vous m'en deuiés moins estimer, ny que cela vous puisse diuertir de la pente que vous aués à m'honorer de vos bonnes graces. Ie n'en crains pas la perte de ce costé-là; & ie ne suis pas du sentiment de nostre Espagnol, qui fait si grand estat de la possession d'vn ami, qu'à cause de cette grande estime il souhaitte de n'en auoir iamais aucun, de peur que si ce bon-heur luy arriuoit, il

de l'Amitié. 95

ne fuſt en danger d'en
ſouffrir quelque iour la
priuation. Voicy comment il parle.

Yo dixe ſiempre, y lo diré,
 y lo digo,
Que es la amiſtad el bien mayor
 humano :
Mas que Eſpañol, que Griego,
 o que Romano
Nos ha de dar eſte perfeto a-
 migo ?
 Alabo, reuerencio, amo,
 bendigo
A quel, à quien el cielo ſoberano

de l'Amitié.

Diò vn amigo perfeto, y nos
es en vano,
Que fue confieſſo liberal con
migo.
 Tener vn grande amigo, y
obligalle
Es el vltimo bien, y par querelle
El alma, el bien, y el mal
communicalle.
 Mas yo quiero viuir ſin co-
nocelle,
Que no quiro la gloria de ga-
nalle.
Por no tener el miedo de per-
delle.

Voyés maintenant, s'il vous plaiſt, les articles dont il eſt il est question. La pensée en est nouuelle; mais elle est innocente; & ie ne vous les debite que côme vne de ces vertueuses bagatelles ausquelles les gens d'esprit se diuertissent quelques fois, lors qu'ils nous font des Almanachs d'Amour, lors qu'ils nous tracent des Cartes du Tendre, ou lors qu'ils nous descriuent dans leurs Romans des Amitiés dont on ne verra iamais d'exemple. Quoy qu'il en soit, Monsieur, ie m'estonne auecque vous que l'Amitié estant vne chose si agreable & si necessaire à la vie, on la recherche auec si peu de soin, qu'elle ne naisse que par hazard, & qu'on la cultiue auec tant de negligenc:.

Card. Prox. c. VI. *Demiror, quod, quum Amicitia tam vtile esset bonum mortalibus, & multo melius quàm mercatorum consuetudo, & res nullius sumptus, tam pauci tamen eam coluerint.* Ie voudrois donc qu'vn homme sage ayant fait choix auec meure deliberation d'vne personne amie, il n'entra pas temerairement en focieté auec elle; mais que comme en vn des plus importans Traictés de la vie ciuile, on conuint de l'obferuation inuiolable de certains articles; tels que peuuent eftre ceux que ie m'en vay vous propofer.

Article I.

Qu'il y aura de part & d'autre vne pleine liberté de dire fes penfées fur toute forte de fujets, & particulierement en ce qui concerne les interests reciproques.

II.

Que les dissentimens sur des matieres de pure speculation, & mesme la diuerse conduite aux affaires particulieres, ne diminueront point l'Amitié de celuy qui ne verra point ses operations embrassees, ny sa metode suiuie.

III.

Que l'on se procurera reciproquement tous les auantages que l'on pour-

de l'Amitié.

ra ; & qu'à cet effet l'on pensera souuent, en quoy c'est que l'on peut aduancer les interests l'vn de l'autre.

A ce troisiéme Article de l'aduancement des interests reciproques se rapporte vne Maxime secrette, qui est. De ne point faire éclater la bonne intelligence qu'il y a entre nous, ny faire connoistre nostre amitié à tout le monde, si quelque necessité ne nous y oblige; & mesme d'en supprimer toute demonstration publique en certaines occurrences.

IV.

Qu'on éuitera les soupçons d'infidelité par l'eſtime qu'on fera de la vertu & de l'eſprit de la perſonne aimée ; & qu'on n'adiouſtera point foy aux mauuais rapports, iuſques à ce que la laſcheté ſoit entierement decouuerte.

V.

Qu'on ne tardera pas de

se descouurir les sujects qu'on auroit de plainte; & qu'en ayant tiré esclaircissement ou satisfaction, on donnera beaucoup à l'infirmité humaine, qui ne permet point que l'Amitié n'ait ses maladies, & ne souffre quelques defaillances, contre lesquelles elle a besoin d'estre fortifiée.

VI.

Que l'obstination de l'vne des parties demeurant nuisiblement incorrigible, il sera permis de s'abstenir peu à peu de son familier commerce, & de faire vne vie plus retirée de luy, sans pourtant rompre ny dechirer les sacrés nœuds de l'amitié; mais se reseruant dans le cœur vne entiere disposition à renouueller l'ancienne façon de viure, dés que les obstacles en seront ostés.

VII.

Que tout ce qui aura esté dit & fait pendant l'exercice de l'Amitié demeurera enseuely dans vn eternel silence, sans que les parties entreprennent jamais de s'en preualoir au preiudice l'vn de l'autre.

VIII.

Que ces mesmes pensées s'estendront au delà de cette vie, & que la mort nous separant de la personne aymée, nous en conseruerons precieusement le souuenir, & ne ferons rien qui en puisse diminuer l'estime, ny qui trauerse les interests de ceux qui luy appartiennent.

Et voilà, MONSIEVR, les Maximes generales d'vne Amitié raisonnée & bien choisie, telle que ie pretends faire deuenir la nostre, si vous auez autant de disposition à m'honorer de vostre bien-vueillance, que i'ay d'inclination à vous rendre mes tres-humbles seruices. Ie m'offre à vous aux conditions que vous auez leuës. Iugez si elles sont raisonnables, & si ie suis digne que vous les mettiés en usage pour l'amour de moy. Certes ie croy que la disparité des personnes en ce qui regarde le rang, l'âge, & mesme le sexe, n'empesche point que ces Maximes ne puissent seruir de ciment à toutes sortes d'amitiez: Car ie les ay faites si generales, qu'elles ne touchent point aux differences particulieres de ceux qui les reçoiuent, & n'innouent rien dans les deuoirs de la Nature, ny dans l'ordre de la Politique. Et c'est pour vous dire, qu'encore que ie defire que vous soyez mon amy, ie ne laisseray pas de deferer tousiours à vostre qualité ce que ie luy dois, ny d'estre vostre seruiteur, pour le moins auec autant de respect qu'en exige de moy la seule consideration du rang que vous tenez dans le monde. I'ay appris vn excellent mot qui vient bien à mon sujet, & que ie tiens de bon lieu, puis que ie l'ay entendu dire à Monsieur de Bautru vostre Oncle. I'en feray part, s'il vous plaist, à ceux qui verront cette lettre. Vn Espagnol eleué à de grands emplois, se plaignoit de bonne grace à son ami, qu'il luy rendoit trop de soumission, *Auez vous perdu l'Amitié?* luy dit-il. *Non MONSIEVR*, respondit l'autre, *mais i'ay gagné le respect.* L'Amitié de laquelle ie viens de donner des Regles, ne change rien dans les deuoirs de la vie ciuile ; & Scipion l'Afriquain.

Qui
Duxit ab oppressa meritum
Carthagine nomen,

ne craignoit pas d'ob-
scurcir la gloire de ses
triomphes, lors qu'il fa-
miliarisoit, non seulement
auec Lælius ; mais aussi
auec Lucilius, en des conuersations particulieres,
où il estoit hors du Thea-
tre, en robe de chambre,
sans masque, & sans co-
thurne.

Quin vbi se à vulgo, & sce-
 na, in secreta remorant
Virtus scipiadæ, & mitis Sa-
 pientia Læli,
Nugari cum illo, & discincti
 ludere, donec

Decoqueretur olus, soliti.

Ie n'ose pas m'appliquer le reste ; mais il merite bien que ie vous le remette en memoire, sans m'en faire aucune application ; car ie sçay qu'Horace est de vos bons amis ;

*Quidquid sum ego, quamuis
Infra Lucili censum, ingeniumque ; tamen me
Cum magnis vixisse inuita fatebitur vsque
Inuidia : & fragili quærens illidere dentem*

Offendere solido: nisi quid tu, docte Trebati, Dissentis!

Et ainsi les fortes pensées, & les belles expressions de deux excellens Poëtes vous feront supporter ce qu'il y a du mien en cette lettre. Il vous paroistra peut estre assez poëtiquement imaginé, pour demeurer entre des citations poëtiques. Et ie me suis aduisé de l'enchasser entre ces deux Autheurs, dont l'vn a l'imagination feconde, & l'autre a le jugement

ment solide; afin que mes réueries fussent plus commodement insinuées auec le Sonnet du Comique, & qu'elles fussent soustenuës vn peu par l'authorité de l'autre, qui tient beaucoup du Philosophe, & dont chaque parole contient vn raisonnement. Ie suis,

Monsievr,

A Paris le Vostre tres-humble & tres-
14. Avril obeïssant seruiteur,
1659. SORBIERE.

Priuilege du Roy.

LOVIS par la grace de Dieu Roy de France & de Nauarre : A nos Amez & Feaux Conseillers, les gens tenans nos Cours de Parlemens, Maistres des Requestes ordinaires de nostre Hostel, Baillifs, Senéchanx, Preuosts, leurs Lieutenans, & à tous autres nos Iusticiers & Officiers qu'il appartiendra : Salut, nostre Amé PIERRE BIENFAIT, Marchand Libraire de nostre bonne ville de Paris, Nous à fait remonstrer qu'il luy a esté mis entre les mains vn Liure intitulé *de l'Amitié*, qu'il ne peut faire

Imprimer fans nos Lettres fur ce neceffaires, qu'il nous à tres-humblement requifes; A ces caufes nous auons permis & permettons par ces prefentes audit Expofant, de faire Imprimer, vendre & debiter ledit liure en tel volume & caractere que bon luy femblera, pendant le temps & efpace de cinq ans, à commencer du iour qu'il aura été acheué d'Imprimer, faifant tres-expreffes inhibitions & deffenfes à toutes perfonnes de quelque qualité qu'elles foient, d'imprimer ou faire Imprimer, vendre & debiter ou contrefaire ledit liure fans la permiffion & confentement dudit Expofant, ou de ceux qui auront droict de luy, à peine de trois mil liures d'amende, & de tous despens, dommages & interests, & de confiscation des exemplaires, à la charge qu'il en fera mis vn exemplaire de acun liure dans nostre Cabinet du Chasteau du Louure, deux en nostre Bibliotheque publique, & vn en celle de nostre cher & Feal le Sieur Seguier Chancelier de France, auant que de l'expofer en vente, suiuant nostre Reglement : Si vous mandons que de ces presetes vous ayez à faire iouïr ledit Expofant pleinement & paifiblement, contraignant tous ceux qu'il appartiendra par toutes voyes deuës & raifonnables, & à nostre Huissier ou Sergent sur ce requis faire pour l'execution d'icelles tous exploits necessaires, sans demander autre permission, CAR tel est nostre plaisir. Donné à Paris le   iour de Mars, l'an de grace 1660. Et de nostre regne le 17.

Par le Roy en son Conseil,

    Signé,   SYMON.

Registré sur le Liure de la Communauté des Marchand Libraires & Imprimeurs, suiuant l'Arrest de la Cour du 8. Auril 1653.

Signé, G. IOSSE, *syndic.*

Et ledit Bienfait a fait part du Priuilege cy-dessus à Estienne Loyson & Charles de Sercy, Marchands Libraires, pour en iouyr suiuant l'accord fait entr'eux.

Les exemplaires on esté fournis.

Acheué d'Imprimer pour la premiere fois le 8. Auril 1660.

www.ingramcontent.com/pod-product-compliance
Lightning Source LLC
Chambersburg PA
CBHW070518100426
42743CB00010B/1857